Manejo Ambiental de Proyectos de Infraestructura

Aspectos prácticos

Javier Morón Zanet

Serie: *Libros de Sostenibilidad Ambiental*

1ra. **Edición**

ISBN-13:
978-1724800381

ISBN-10:
1724800388

DEDICACTORIA

Para Loly, mi esposa, por animarme a escribir y
publicar este libro.

CONTENIDO

"Hoy día no se pueden concebir proyectos de infraestructura sin considerar su sostenibilidad social y ambiental. Sin ellas estarían destinados al fracaso".

El autor

MANEJO AMBIENTAL DE PROYECTOS DE INFRAESTRUCTURA

La sostenibilidad socio ambiental se ha convertido ya en un componente del desarrollo de proyectos de infraestructura, y uno de los aspectos utilizados para medir el éxito del desempeño de un proyecto además de los componentes técnicos y de rentabilidad.

Se ha producido una cantidad considerable de guías, y análisis sobre el tema, no se pueden dejar de mencionar las Normas de Desempeño de la Corporación Financiera Internacional (IFC), las Guías del Banco Interamericano de Desarrollo (BID), Banco Europeo de Inversión (BEI) y del Banco Mundial entre otros (1).

Estos documentos han sido un valioso aporte al tema y su uso en proyectos de infraestructura es altamente recomendable, aunque se trate de proyectos que no contemplen el financiamiento de dichas instituciones.

Las presentes notas pretenden exponer situaciones prácticas que se pueden encontrar en el proceso de evaluación ambiental y la implementación de las medidas de mitigación que forman parte de los

Planes de Manejo Ambiental durante la vida del proyecto. Pretenden hacerlo además desde la perspectiva del promotor, desarrollador o ejecutor del proyecto, quien debe enfrentar en el día a día con el reto de mantener el proyecto dentro de un marco de sostenibilidad.

CAPITULO UNO

Justificación (Por qué incluir el Medio Social y Ambiental en el Manejo de Proyectos de Infraestructura)

La pregunta podría considerarse irrelevante al considerar el estado actual de los temas ambientales y de sostenibilidad en el desarrollo de proyectos de infraestructura de inversión pública o privada.

Sin embargo, si tuviéramos que argumentar a favor de hacerlo, podríamos presentarlo desde tres puntos de vistas: Uno sería desde el marco regulatorio, el otro desde la óptica del éxito del proyecto y un último desde la ética.

Por el Marco Regulatorio

Las normas ambientales han aumentado significativamente desde inicios de la década del 70 hasta nuestros días, y se hacen cada vez más frecuentes y específicas. De enunciados generales se ha ido pasando a establecer límites para emisiones o descargas y a la aplicación de normativas en diferentes ámbitos: agua, ruido, aire, manejo de desechos, sustancias tóxicas, especies protegidas en flora y fauna, y a áreas protegidas que incluyen reservas, parques nacionales, zonas de humedales o costeras.

Incluso llegando a considerase zonas transfronterizas.

En cuanto al desarrollo de proyectos de infraestructura la aplicación de las normas ambientales se inicia por el proceso de evaluación del impacto ambiental, cuya dinámica ha ido adquiriendo rigor. Los estudios de impacto han ido evolucionando, pasando de documentos fuertemente enfocados a la línea base a planes de manejo con procedimientos diseñados para reducir los impactos negativos o prevenir riesgos socio ambientales.

Otra evolución en el proceso de la evaluación ambiental es la creciente importancia que van tomando los aspectos sociales y los mecanismos de participación ciudadana. Esta normativa va incidiendo en la concepción del proyecto y en el manejo de éste.

El incumplimiento de lo aprobado en el Estudio de Impacto Ambiental (EIA) por la autoridad regulatoria conlleva el riesgo de ser sancionado o incluso que el proyecto sea detenido. Algunas legislaciones incluso desarrollan códigos ambientales donde las penas alcanzan a los promotores del proyecto con sanciones penales. Temas como los impactos acumulativos y el cambio climático han venido a reforzar el proceso de evaluación recientemente.

En este proceso, el integrar aspectos ambientales dados por la legislación se convierte en un requisito tal como pueden ser las normas de construcción, seguridad, fiscales o laborales sin los cuales el proyecto no puede concluir o terminar satisfactoriamente.

Por el Éxito del Proyecto

El integrar los aspectos socio ambientales, también se puede hacer con el objetivo de asegurar éxito en el desarrollo del proyecto.

Muchas medidas de reducción de impactos son a la vez medidas para lograr mejores eficiencias en el uso del recurso y controlar los costos. En este sentido una aplicación de las medidas ambientales puede asociarse a un proceso de mejora de la calidad.

El reducir el uso de ciertos insumos como agua o energía, o reducir el volumen de desechos impacta positivamente en los costos del proyecto. Por ejemplo, un proceso temprano y adecuado de identificación de sitios arqueológicos o recursos culturales que permita su rescate o prevención de destrucción se convierte en un medio para ahorrar tiempo, ya que una vez que el proyecto se encuentra en su fase de construcción se tendrían que detener equipos u obras para realizar el rescate o evaluación de estos recursos.

El manejo de la erosión en taludes es la vez una medida que puede ayudar a prevenir un daño ambiental pero también incide positivamente sobre el avance de la obra.

Un proyecto que no contemple los aspectos sociales tendrá que enfrentarse con posibles conflictos con comunidades vecinas si estas resultan afectadas, o desarrollarse en un medio hostil al mismo; esto expone a la empresa a demandas legales, o protestas que retrasen el proyecto o también afecten su reputación.

Si el proyecto está sujeto a financiamiento es cada vez más frecuente que las entidades crediticias también revisen los riesgos ambientales del proyecto, y si son entidades multilaterales de financiamiento, estas por lo general incluyen normas de desempeño cuyo cumplimiento pasa a ser parte de los contratos del proyecto.

El no seguir estas normas pondría en riesgo el financiamiento del proyecto.

Un proyecto desarrollado insosteniblemente en algún momento disminuirá su retorno. Supongamos que un bosque tropical es devastado y con ellos se impacta su biodiversidad, ¿no conllevaría esta acción a futuro, consecuencias para el proyecto en sí?

¿No se verían afectadas corrientes de agua o se causarían problemas de erosión? ¿No se creará un desbalance a futuro en las especies de este hábitat y afectaría a corto o mediano plazo, a los pobladores del área o no se cambiaría el microclima o se afectaría la calidad del aire o agua?

Aunque no se contemplen inicialmente medidas ambientales estas a la larga serían necesarias para asegurar la viabilidad del proyecto.

Por el Aspecto Ético

Si para desarrollar un proyecto de infraestructura pudiéramos obviar los aspectos sociales y ambientales, ¿lo haríamos? Es decir, ¿si no existiesen reglamentos o leyes o condicionamientos financieros o si la opinión pública resultara irrelevante, valdría la pena emprender un proyecto sin las consideraciones antes mencionadas? Esta pregunta parece rebasar el aspecto técnico y encararnos con un dilema en el dominio moral o ético.

Un razonamiento basado únicamente en la utilidad financiera pareciera indicar que sin estas consideraciones socio ambientales, el tiempo de desarrollar el proyecto o su costo podría ser menor. ¿Pero es así? Un proyecto basado en un pobre diseño o desempeño social ambiental, aunque en apariencia fuese más conveniente, lo que haría es traspasar estos costos ambientales o sociales al futuro o al resto de la sociedad.

Y si el conjunto de los tomadores de decisiones manejase los proyectos de la misma forma, en algún momento en el tiempo se llegaría a un punto de no retorno donde el daño acumulado se vuelve irreversible y por lo tanto afectaría al conjunto de la sociedad incluyendo al tomador de decisión o sus descendientes.

Si el tomador de decisión está consciente de este daño, surgiría la pregunta de cómo actuar.

Existen entonces dos razones para actuar; una basándose en el principio de "no hacer a otro lo que no quieres que te hagan". No hacer un daño a la naturaleza que es el medio donde habitan otros seres y personas o perjudicar a los habitantes de las comunidades. Y otro principio de "no perjudicarnos a nosotros mismos ni a nuestra descendencia".

El dilema ético para un tomador de decisiones podría plantearse a través de la siguiente pregunta: ¿estoy dispuesto a realizar el proyecto de tal forma que se pueda permitir mi bienestar futuro, el de mis descendientes, el de otras personas y el de la naturaleza. La respuesta tanto racional como ética sería: "sí".

CAPÍTULO DOS

Todo se inicia a partir de la idea y diseño del proyecto

II.1 Preguntas relevantes antes de empezar

Durante esta fase, la idea o concepción del proyecto entra a definirse y conviene en ese momento hacerse preguntas sobre la relación del proyecto con el medio social y ambiental. Tres preguntas que dan un marco general pueden ser:

a) ¿Hay algo en este momento que haga aparecer el proyecto inviable desde el punto de vista ambiental y social? Un ejemplo puede ser la inundación de un área de superficie muy vasta que afecte un Parque Nacional o un número considerable de poblados.

b) ¿El proyecto se puede hacer viable al utilizarse medidas de mitigación, pero el costo de implementar estas medidas haría el proyecto inviable económicamente?

c) ¿Hay algo que haga el proyecto inviable desde el punto de vista de la opinión pública, aunque sea técnicamente viable o se pueda mitigar económicamente? Digamos un relleno sanitario cercano a una población que lo rechaza.

Resolver esta pregunta puede ayudar a enfocar o incluso desechar el proyecto tempranamente. Es preciso no descartar esta intuición inicial pero la misma debe apoyarse en algún tipo de análisis; incluso se puede continuar con la elaboración del proyecto, pero tomando en cuenta esta observación.

Una breve nota u observación desde el punto de vista ambiental sería recomendable a este nivel para que llegue a la alta dirección de la empresa o institución que propone el proyecto.

La sensibilidad ambiental del desarrollador o empresa promotora del proyecto

Un tema que no puede soslayarse es el nivel de compromiso que la empresa u organismo promotor del proyecto tiene o ha tenido con el ambiente. Este elemento es crítico para poder entender el proceso de toma de decisiones en relación a la sostenibilidad. Es importante entender si el proyecto a desarrollarse se inserta dentro de una organización que tiene una estrategia ambiental consolidada.

Si es por ejemplo una organización que ha integrado los aspectos de sostenibilidad a su operación, o si previamente ha desarrollado otros proyectos donde se han contemplado estos aspectos.

También si la gerencia está al tanto de las implicaciones (incluyendo los costos) de emprender un proyecto con un enfoque de sostenibilidad. Mark Rosenberg ha llamado la "sensibilidad ambiental" al *"grado en que las personas directa e indirectamente involucradas en la operación de la firma están conscientes de como las actividades de la empresa afectan el ambiente"* (1).

Un entorno favorable a los temas de protección del ambiente dentro de la organización facilitará el proceso y podría posicionar al proyecto incluso en un nivel de innovación en aspectos de sostenibilidad. Al mismo tiempo esto daría mucha confianza al equipo ambiental que participa del diseño del proyecto, de que su trabajo será respaldado dentro del resto de la organización.

II.2 La revisión inicial ambiental (screening, scoping) y pre factibilidad técnica del proyecto

Un poco más avanzado en la concepción del desarrollo del proyecto se lleva a cabo el screening o tamizaje ambiental del proyecto y el scoping o análisis previo; esta fase es previa a desarrollar un estudio de impacto ambiental (EIA), pero allí ya aparecen los primeros datos y las evaluaciones ambientales propiamente dichos.

En este momento se trata de ubicar la categoría del proyecto usualmente siguiendo la metodología de cada país. Una de las metodologías más reconocidas es las del Banco Mundial que utiliza las Categorías en A, B o C, de acuerdo con los impactos sobre el ambiente que causa el proyecto.

Siendo el Categoría A el de mayor impacto y el C el de menor. Para este ejercicio participan el equipo de especialistas sociales y ambientales del promotor y es un acercamiento formal con el equipo diseñadores y planificadores técnicos del proyecto.

La información técnica obtenida por los especialistas, como la ubicación, huella del proyecto, tamaño, tiempo de duración de la construcción, volúmenes del proyecto, tecnología, más elementos de una evaluación previa en torno a aspectos como la importancia de los ecosistemas, cursos de agua, poblaciones cercanas, en conjunto con herramientas como matrices sirven para estimar el tipo de categoría del proyecto después de evaluar los posibles impactos aunque, todavía de una forma inicial, puesto que no se han formulado todos los análisis que conlleva un Estudio de Impacto Ambiental.

Algunas veces esta evaluación ambiental previa (screening/scoping) se realiza como parte del EIA.

Esto tiene ventajas y desventajas; como ventaja quizás es que el consultor o encargado de elaborar el estudio de impacto (**EIA**) considera que hay continuidad o coherencia a través de todo su trabajo posterior.

Como desventaja puede conllevar que el equipo ambiental del promotor del proyecto y el grupo que diseña o planifica considere que la categoría es dada desde afuera o puede no acoger la decisión sobre la categoría del proyecto.

Una solución intermedia sería que el grupo que diseña o planea el proyecto después de deliberar internamente con especialistas ambientales proponga la categoría a la firma Consultora Independiente que realizará el Estudio de Impacto Ambiental.

Para efectos de este documento llamaremos Equipo Diseñador y Planificador (**DPP**) del proyecto al grupo del promotor del proyecto encargado de generar una propuesta de proyecto, gestionar su pre factibilidad, factibilidad ingenieril económica y financiera y elaborar los Términos de Referencia para los contratos de ejecución de la obra.

Una vez la obra se inicia se llamará el equipo Administrador del proyecto (**AP**).

Estos equipos se complementan con el Equipo Ambiental del Proyecto **(ENV)** que es el grupo de especialistas ambientales del promotor que trabaja los aspectos sociales y ambientales y que forma parte del equipo del proyecto.

Un objetivo del screening puede ser también que el grupo planificador o diseñador se integre rápidamente con el equipo ambiental y puedan tempranamente abordar posibles medidas de mitigación y preocupaciones ambientales, y no dejar este tema exclusivamente a la fase del estudio de impacto ambiental. Incluso en esta fase ya se puede ir abordando la realidad de los costos de mitigación, aunque estos son más propiamente definidos en el EIA.

El análisis de alternativas trae ventajas

La presentación de alternativas cuya relevancia muchas veces depende del país o del medio donde se lleve a cabo el proyecto, no puede simplificarse a cumplir un trámite regular ante una autoridad.

Una presentación de alternativas puede convertirse en un ejercicio de creatividad, que incluso puede llevar a mejores soluciones técnicas o también hacer variar la categoría de un proyecto convirtiéndola en menos gravosa para el ambiente. La interacción entre los equipos planificadores y ambientales casi siempre resulta en oportunidades de crecimiento de perspectivas para ambos grupos. Los casos más ilustrativos son los de proyectos carreteros, cuya opción inicial atravesaba un área protegida, y luego se encuentran nuevas opciones con menos afectación.

II.3 Tiempo del Proyecto y Tiempo de las comunidades

La elaboración de cronogramas para la ejecución de los proyectos tiende a elaborarse con métricos de la industria o experiencia local, no obstante, en el caso de proyectos que involucran aspectos sociales complejos, como reasentamiento, capacitación y cambio de modelos de producción; puede resultar engañosa el buscar métricos promedios.

Si a esto se sumara la ubicación de un proyecto en un área indígena, habría que considerar los tiempos de decisión de las comunidades, cuyas instancias de decisión (congresos locales, regionales o generales) tienen otra dinámica distinta a la de un proyecto concebido para un área urbana.

Se requiere suficiente flexibilidad estos casos y estimaciones realistas, así como no imponer a las comunidades el cronograma técnico del proyecto para decisiones, aunque si compartirles estas preocupaciones.

II.4 Estudios adicionales antes del Estudio de Impacto

En algunos proyectos se opta por realizar estudios bastantes exhaustivos antes de realizar un estudio de impacto. Esto ayuda a tener un base más certera antes de proseguir y puede ahorrar tiempo ya que estos estudios servirán de insumos y además dan confianza a otros actores porque demuestra un compromiso.

Sin embargo, esto va a depender de la política de cada institución y de los recursos existentes para este fin. La pregunta relevante es si con los estudios disponibles se puede estimar razonablemente los impactos, las medidas de mitigación y los riesgos del proyecto o si hay elementos que de no analizarse pueden hacer inviable el proyecto, o afectar significativamente a las comunidades y al medio ambiente.

Los aspectos de esta fase se pude resumir en:

- Integrar el equipo técnico de diseñadores y planificadores del proyecto con el equipo de especialistas ambientales del proyecto.
- Generar propuestas de alternativas ya que fortalecen tanto el aspecto técnico como ambiental del proyecto.

- Considerar los tiempos que involucran a las comunidades desde una perspectiva realista en el cronograma del proyecto.
- Considerar posibles estudios adicionales que se requerirán.

CAPÍTULO TRES

La formulación del estudio de impacto y el Plan de Manejo Ambiental contexto y circunstancias

III.1 El Estudio de Impacto su contexto en la formulación del proyecto

El proceso de evaluación de impacto ha sido sujeto de gran cantidad de análisis y no será abordado en esta nota, sin embargo, basta mencionar lo siguiente:

a. Pese a no ser un elemento perfecto el EIA sigue siendo la herramienta más completa para identificar los impactos ambientales de un proyecto y sus medidas de mitigación.

b. Un Plan de Manejo Ambiental de un Estudio de Impacto es la pista para poder abordar las medidas a implementarse.

c. La calidad de ambos documentos va a incidir sobre el manejo Ambiental del Proyecto.

Dentro del contexto del proyecto se va a requerir una apertura del equipo diseñador y planificador (**DPP**) para poder desarrollar un proceso de evaluación sólido y efectivo. Esto implica proveer de la información necesaria actualizada sobre insumos, áreas de trabajo, diseño de instalaciones y tiempos de ejecución.

Una voluntad sincera de suministrar información y ayuda para entender la complejidad del proyecto a los especialistas ambientales o consultores encargados de elaborar el estudio de impacto, contribuirá en tener un documento ajustado a las necesidades del proyecto.

Puede surgir cierto recelo a proveer información que pueda ser usado por la competencia, aquí debe prevalecer el criterio de dar aquella información que sea necesaria para poder estimar verazmente los impactos del proyecto. Información que no sea indispensable como mercados, financiamiento y rentabilidad puede ser manejada confidencialmente con los consultores a menos que la regulación vigente lo exija.

El tiempo para elaborar del Estudio de Impacto debe ser respetado, aunque normalmente se requiera agilizar este paso. Conviene antes de elaborar el documento por parte del equipo planificador (DPP), el equipo ambiental (ENV) y el consultor encargado del EIA estimar un tiempo realista para realizar el EIA de forma que se tenga claridad en ambos grupos de trabajo. Los temas que a futuro pueden impactar la efectividad del estudio de impacto, pueden estar relacionados con la calidad de la línea base, si esta no solo está desactualizada, sino que su calidad es poco no confiable.

Otro punto es el área del proyecto, esta debe prever la huella del proyecto y las áreas auxiliares, por ejemplo, si hay terrenos para estacionamiento del equipo, almacenamiento o acopio de materiales temporales, talleres, el uso de caminos o carreteras o infraestructura ya existente que consecuentemente se puede ver deteriorada o afectar a terceros.

La propiedad de las áreas a intervenir debe estar claras desde el inicio, sobre todo si hay terrenos o propiedades de terceros con los cuáles habrá que negociar posteriormente, siendo el tiempo de la negociación y adquisición de los terrenos una variable no conocida con exactitud.

Las áreas de uso temporal pueden ser subestimadas lo mismo que los accesos o áreas de depósitos. También puede darse la tendencia a considerar las áreas de uso temporal como menos importantes al estimar los impactos.

Se olvida por ejemplo que un área de uso temporal que va a ser talada, aunque a largo plazo puede recuperarse se causa un impacto que puede llegar a ser considerable y se le debe aplicar de igual forma las medidas de mitigación del Plan de Manejo.

Los aspectos de esta fase se pude resumir en:

Comprender que el Estudio de Impacto (EIA) y su Plan de Manejo se van a convertir en herramientas útiles para la gestión sostenible del proyecto.

Compartir y discutir la información técnica y ambiental entre los equipos de diseño y planificación del proyecto (DPP); equipo ambiental (ENV) y Consultor del EIA va a fortalecer el EIA.

El tiempo para elaborar y aprobar el EIA debe estar estimado en función de la complejidad del proyecto y de las consideraciones de la autoridad competente en el país.

III.2 La descripción del proyecto para el EIA.

Es normal que durante la fase de elaboración del EIA ciertos elementos del diseño del proyecto no estén listos en su totalidad. Sobre todo, en proyectos complejos algunos detalles de la obra podrían variar con la fase de construcción del proyecto.

Es así como los consultores del proyecto trabajarían con una descripción que se acerca bastante al proyecto final (estudio de factibilidad), pero hay que estar consciente de estas posibles o probables variaciones.

Lo relevante en este caso es que la descripción del

proyecto tenga el suficiente detalle para que los consultores y revisores capten los impactos significativos y la categorización del proyecto no se altere y que no se incluyan impactos sobre otros medios que no se han identificado en el estudio.

De todas formas, sería la autoridad encargada de aprobación de EIA la que determinaría si una variación del proyecto posterior también puede conllevar a una modificación del Estudio de Impacto, por lo que hay que estar preparados en tiempos y recursos si tal eventualidad se presente y procurar tener un diseño lo suficientemente avanzado para no alterar luego el EIA.

III.3 El Plan de Manejo. Es mejor ser específico y claro

El Plan de Manejo Ambiental va a ser un eje fundamental para el desempeño ambiental del proyecto. Esta herramienta debe un documento robusto, coherente y claro, sobre el cuál se van a fundamentar las medidas de mitigación que se van a implementar en el proyecto.

Debe estar orientado a la práctica, con un lenguaje comprensible y que aborde cada impacto señalado en el Estudio de Impacto, especialmente los más significativos.

En el Plan de Manejo se deben establecer los parámetros de monitoreo con rigor, y evitar las generalidades, no es lo mismo señalar por ejemplo que el "proyecto controlará el polvo durante la construcción" a determinar cuáles son los máximos en partículas de PM10 o PM2.5 en puntos específicos de monitoreo, esto evitará posteriores debates tanto entre el contratista de la obra y el promotor como con las comunidades en caso de estar cercana al área y las autoridades. En caso de no tener dichos parámetros el Banco Mundial o en otros casos la Organización Mundial de la Salud (OMS) ya los tienen y pueden usarse para referencia.

De igual forma las medidas a implementarse en el Plan de Manejo deben estar correlacionadas con el impacto y llegar a mediciones o acciones específicas.

Usando el ejemplo anterior, las medidas correlacionadas podría decir para prevenir o controlar el polvo se usarán aspersión de agua por camiones cisternas con frecuencia diaria o sprinklers o aspersores en los puntos de trituración de material en caso de que dicha actividad se realice en el sitio. Este nivel de detalle será útil tanto para el contratista como para el promotor y autoridades, y también para estimar los costos totales de control ambiental.

En algunos proyectos existen medidas que no pueden ser implementadas por el promotor ni por sus contratistas, sino por las autoridades del estado. en estos casos se deben prever con suficiente antelación y coordinar anticipadamente con las autoridades pertinentes.

El Plan de Manejo, así como el Sistema de Gestión pueden atravesar por modificaciones para mejorarlos durante la vida del proyecto. Lo que no es aceptable es solicitar su modificación para disminuir o degradar sus requerimientos. Usualmente es la autoridad ambiental la que aprueba la modificación de un Plan de Manejo que forma parte de un EIA.

III.4 El tiempo de aprobación del proyecto por la autoridad competente

Un elemento que puede quedar fuera de control por parte del equipo planificador del proyecto es la aprobación del Estudio de Impacto. Este regularmente es tramitado ante una o varias entidades del estado. Dependiendo de la categoría del proyecto se asignan tiempos de aprobación, pero también va a depender de la complejidad, visibilidad e importancia del proyecto. La Autoridad competente puede solicitar información adicional, pedir aclaraciones, validar modelos o solicitar estudios adicionales.

Estos tiempos adicionales pueden aumentar el tiempo estimado del proyecto.

Un elemento que puede pesar sobre el tiempo de aprobación es el conocimiento sobre las tecnologías aplicadas o la envergadura del proyecto.

Si el proyecto presenta una característica que por primera vez se aplica en el país, es lógico suponer que se realizará un mayor análisis; por ejemplo, una planta generadora en base a LNG (Gas Natural Licuado) o un proyecto eólico o sistema de transporte masivo como metro en un país o región donde no se ha desarrollado ninguno anteriormente.

En algunos casos se hará ineludible el realizar estudios complementarios o inclusos EIAS apartes, aunque relacionados al proyecto, dado la importancia del impacto que implica.

Por ejemplo, un proyecto que inicialmente no haya contemplado un campamento de trabajadores con un número importante de ocupantes o una carretera nueva sobre un área de importancia biológica que no había sido incluida en el inicio del proyecto deberá llevar su propia evaluación ambiental y ser presentada a la autoridad. Esto puede conllevar impactos acumulativos mayores del proyecto.

III.5 Impactos Acumulativos

Los impactos acumulativos tienden ahora a incluirse en los Estudios de Impacto, y aunque se han desarrollado metodologías, se les puede considerar como un elemento al cual aún le falta mayor comprensión y aplicación, no obstante, es útil sobre todo al considerar impactos de proyectos en un área donde convergen otros proyectos de importancia o donde las actividades productivas ya están ejerciendo presión sobre recursos naturales y el medio social ambiental.

Los ejemplos más utilizados son las presas sobre cursos de aguas, pero también pueden ser los proyectos portuarios que se realizan sobre un área donde ya existe una actividad portuaria que sumada a otras nuevas va a ejercer mayor presión sobre el recurso marino costero.

 Pese a que el equipo planificador y/o consultor ambiental puede detectar en el estudio riesgos y alertar sobre la situación, la responsabilidad primaria recae en el equipo de la entidad gubernamental que revisa evalúa y aprueba el EIA quien es la llamada a establecer límites sobre la capacidad de carga.

III.6 Planes de Uso de Suelo

Las normas establecidas en Planes de Uso de Tierras o Planes de Ordenamiento Territorial pueden ayudar grandemente a orientar tanto a los planificadores como al equipo consultor del proyecto.

Lamentablemente en América Latina (AL) este tipo de planes no son tan comunes o muchas veces carecen de especificidad suficiente para poder ayudar al proceso de evaluación.

Los planes de ordenamiento que en América Latina se han visto en muchos casos como una medida que ayuda en la etapa de selección del proyecto, frecuentemente tienen debilidades que los EIA no pueden resolver, y tampoco son un sustituto para ellos. Allí donde existen deben utilizarse y respetarse, aunque no sean completos o carezcan de todos los elementos, sin embargo, son una ayuda y contribuyen dar institucionalidad socioambiental.

Se pueden sugerir medidas para fortalecerlos o incluso se pueden derivar de algunos proyectos la necesidad de desarrollarlos para darle al proyecto una mayor integración a las necesidades del medio. Lo que no puede considerarse es el EIA como un sustituto a Planes de ordenamiento Territorial, ya que esta no es su función.

III.7 Cambio Climático

La introducción del tema del cambio climático se ha convertido en parte necesaria para analizar la viabilidad de los proyectos como su impacto.

Por parte de la viabilidad se trata ahora de analizar como el proyecto ha internalizado los impactos del cambio climático, llámese aumento del nivel de los océanos, eventos climáticos extremos, periodos de sequía e inundaciones.

Esto ha dado paso a la adaptabilidad que debe tener el proyecto frente a estos cambios, en diseños, seguridad, cálculos etc. Un proyecto que en su diseño contemple escenarios de eventos climáticos o variaciones que pueden estar influenciados por el cambio climático, disminuirá sus riesgos; este tema debe ser discutido y complementado con los diseñadores técnicos del proyecto.

El tema de la adaptabilidad se hace todavía más importante mientras más prolongada sea la vida útil del proyecto puesto que no se conocen aún todas las consecuencias de este fenómeno climático.

En proyectos cercanos a las costas o que sean vulnerables a sequías o inundaciones como presas los temas de adaptabilidad cobrarán mayor relevancia.

Otro aspecto es como el proyecto contribuye o no al cambio de climático a través de emisiones de CO2, este aspecto también debe llevar a pensar al equipo planificador sobre tecnologías a utilizar, equipos más eficientes y diseño de instalaciones o edificios. Un complejo de edificaciones va a variar si se toman en cuentas los aspectos que hacen una edificación más sostenible como la aplicación de parámetros LEED. Igual un proyecto de transporte masivo debe considerar los posibles ahorros que se realizarán en emisiones e incluirlos desde el principio de la concepción del proyecto.

Los proyectos que conllevan ahorros de emisiones de CO2 o de otros gases de efecto invernadero, pueden calificar para ser parte las estrategias del país para enfrentar el cambio climático.

III.8 Conocimiento del terreno y visitas de campo

Las visitas de campo y el sobre vuelo para la evaluación ambiental por parte del equipo planificador como del equipo ambiental que se encargará del seguimiento del proyecto van a ser particularmente valiosas dado que permite validar información sobre el terreno. No hay sustituto para esta apreciación en el campo y para tener una visión real sobre la magnitud de los impactos.

Para proyectos con una extensión considerable y cuya visita a todo el terreno no es posible, el sobrevuelo aéreo complementa lo identificado en imágenes de satélites o fotos aéreas y en la inspección física realizada. La visita del terreno da sobre todo una apreciación de la topografía, clima, vida silvestre o cercanía de comunidades. Aunque el Estudio de Impacto aborda estos temas en mayor detalle estas visitas o inspecciones dan a ambos grupos un inside o visión desde dentro invaluable.

Las preguntas o indagaciones que se puedan hacer a personas que tienen tiempo de vivir o trabajar en el área o con experiencia previa en la zona, van a enriquecer el análisis.

III.9 EIA en casos de concesiones

Bajo este esquema se asigna a través de una concesión un proyecto u obra y en algunos casos luego se procede con el Estudio de Impacto, esto puede darse en casos de concesiones para puertos, minas, y líneas de transmisión, esto conlleva ciertos inconvenientes puesto que presupone que el proyecto ha sido aprobado pese a que no exista un EIA. En el caso de un proyecto al que no se le haya hecho un análisis completo antes del EIA pueden surgir críticas por la opinión pública y surgir dudas sobre la transparencia del proceso.

Los aspectos de esta fase se pueden resumir en:

- Es posible que no todos los detalles de la descripción del proyecto estén listos, pero si deben estarlo los que le dan carácter del proyecto; es decir sus impactos y la razón de su categoría. En algunos casos los cambios deberán ser presentados ante la autoridad ambiental.
- Las medidas de mitigación en el Plan de Manejo deben ser específicas.
- Tópicos como impactos acumulativos, cambio climático y planes de uso se están convirtiendo en elementos cada vez más frecuentes en el proceso de evaluación.
- Las visitas al terreno por parte de evaluadores, revisores o ejecutores de estudio son indispensables e insustituibles.

CAPÍTULO CUATRO

Elementos a tener en cuenta una vez aprobado el Estudio de Impacto

IV.1 Variaciones en costos, diseños y tiempos de ejecución.

Una vez aprobado el EIA, el proyecto puede entrar en su fase de ejecución, el promotor de la obra puede incluir en el diseño o en los costos cualquier variación que se haya producido en el proceso de aprobación del EIA, como resultado de las consultas con la autoridad ambiental y la aprobación del documento.

En caso de proyectos financiados por entidades que requieren Debida Diligencia o Due Diligence, es posible que se produzcan recomendaciones de las entidades financieras, que incluyan estudios adicionales o medidas no contempladas en el Plan de Manejo Ambiental (PMA) aprobado como parte del EIA. Estos ajustes deben contemplarse dentro del EIA y también dentro del costo del proyecto.

Pueden ocurrir también otras variaciones en el diseño de la obra que no estaban incluidas en la descripción original del proyecto contemplada en el EIA, pero que el equipo planificador estima que son necesarias, estos cambios deben evaluarse para conocer si se ameritan cambios en la categoría del estudio, aprobación por parte de la autoridad ambiental, o nuevas medidas de mitigación como parte del PMA.

Otro aspecto que ha sido estudiado y tiene repercusiones sobre el proyecto es el lapso transcurrido entre la aprobación del EIA y el inicio de la obra. (*Ver IAIA's" Lost in time: the black hole between EIA completion and Project Implementation " by Bryony Walmsley in http://www.iaia.org/webinars.php march 2018*) (3)

Si un proyecto demora su ejecución después de la aprobación del estudio de impacto, algunos elementos pueden quedar desactualizados, nuevos poblados pueden establecerse dentro o cerca del proyecto, otros proyectos pueden haberse desarrollado en el área lo mismo que infraestructura que ahora se verá afectada.

Por esa razón es necesario revisar cuanto tiempo tiene el EIA de haberse aprobado y si las condiciones han variado. Esta situación también puede ocurrir cuando en un EIA se aprueban varias etapas de un mismo proyecto, y en el tiempo entre culminar una etapa y la siguiente es considerable.

Cuando se reinicie el proyecto y se empiece la nueva fase muchas condiciones pueden haber variado. Por lo que se recomienda actualizar la información socioambiental en estos casos.

IV.2 Adelantar algunas actividades de mitigación que están dentro del PMA antes de adjudicar la obra a un contratista.

Hay algunas actividades ambientales que se pueden realizar una vez que el EIA ha sido aprobado, aunque no se haya adjudicado la obra a un contratista. La justificación para realizar estas actividades es para reducir el trabajo a efectuarse posteriormente y adelantar parte del cronograma. Un caso puede ser el del rescate de recursos culturales que se encuentran en la huella del proyecto. Si en el área ya se han identificado recursos culturales que se pueden ver afectados durante la construcción, un equipo de rescate calificado contratado por el promotor puede ir realizando esta fase.

Durante la construcción se darán seguramente otros hallazgos fortuitos y requerirán detener la obra en esos puntos, pero se puede aprovechar esta fase antes de la construcción debido a que las obras de rescate dependiendo de su complejidad suelen tomar tiempo e inhabilitan el sitio donde se encuentran mientras se realiza el rescate.

Usualmente el costo del rescate cultural frente a costo total de la obra es un porcentaje muy reducido por lo que se puede poner parte de ellos fuera del costo del contratista.

Otro ejemplo podría ser la descontaminación de ciertas áreas que se van a utilizar para el proyecto y cuya responsabilidad cae sobre el promotor y no sobre el contratista.

Al proceder la descontaminación de estos sitios se adelanta parte de la obra y el contratista puede empezar sobre las áreas ya descontaminadas.

Para el caso de la tala y rescate de vida silvestre habría que analizar caso por caso, dependiendo de los recursos que se pueda requerir o de la relación con otras actividades del proyecto en el tiempo.

En el caso del Plan de reasentamiento si esto lo lleva a cabo el promotor de la obra de igual formas se puede empezar antes de que se adjudique la obra a un contratista.

IV.3 El equipo responsable de la gestión ambiental

EL equipo responsable de la gestión ambiental del proyecto debe asignarse con anticipación suficiente.

Sería recomendable asignar miembros que participaron en la fase de screening o revisión inicial ambiental del proyecto o que aportaron información o revisaron el Estudio de Impacto Ambiental ejecutado por el Consultor Independiente. Esto daría continuidad al trabajo, aunque dependiendo de magnitud del proyecto se requerirá reforzar con nuevos especialistas.

También habrá especialistas que dependiendo de la fase del proyecto se irán agregando, teniendo una participación en determinadas áreas.

El equipo responsable va a ser multidisciplinario y la integración desde el punto de vista técnico y organizacional será relevante para el desarrollo posterior del proyecto. Los miembros del equipo deben tener claro que se espera de ellos, cuáles son los métricos con los que deben cumplir, las líneas de comunicación y los procedimientos del Sistema de Gestión Ambiental del cual se hablará luego. No existe una cantidad recomendada de personas para un proyecto, pero si deben cubrirse las principales áreas o aspectos físicos (agua, aire suelo, ruido) biológicos (vida silvestre, biodiversidad, recursos forestales) y sociales (trabajadores sociales, sociólogos) aspectos de planificación e ingeniería ambiental e institucionales además de apoyo administrativo.

En algunos casos se requerirá de apoyos puntuales como la asesoría legal o arqueólogos externos, o especialista de ruido/ aire por contratos.

Es importante presupuestar al equipo responsable a lo largo de los años del proyecto lo mismo que los recursos adicionales para movilización o desplazamiento tanto marino como terrestre si el proyecto lo amerita, sobrevuelos, imágenes satelitales o fotos aéreas, y recursos para análisis de laboratorios, monitoreos de agua, ruido, aire, suelos contaminados, arqueología, divulgación a comunidades. En caso de que haga falta entrenamiento en áreas específicas se debe proveer con anticipación.

La ubicación del equipo ambiental dentro de la administración del proyecto es otro punto que considerar. La Gerencia Ambiental debe tener contacto con la Gerencia del Proyecto y participar de las reuniones de planeación de actividades de campo que se desarrollan con el contratista y equipo de proyecto. Esto permite anticipar donde poner énfasis en las acciones futuras.

Un equipo ambiental altamente integrado y motivado tendrá capacidad de obtener mejores resultados y podrá hacer una diferencia en el manejo del proyecto.

Si existen en el país proyectos similares al que se va a ejecutar, es conveniente poder visitarlo para ir conociendo a qué tipo de situaciones se van a encontrar en el campo.

IV.4 Sistema de Gestión

El proyecto antes de iniciarse debe contar con un Sistema de Gestión Ambiental (SGA) que le permita al equipo darle seguimiento a las medidas ambientales y sobre todo poder corregir o detectar fallas anomalías o incumplimientos y oportunidades de mejoras. Los procedimientos vigentes además de los establecidos en el EIA deben estar accesibles.

El sistema debe ser de aplicación práctica, con normas precisas de cómo actuar, como reportar y como proceder en caso de hallazgos. Ser específico en cuanto a los canales de comunicación y al registro de los eventos y comunicaciones con el contratista. El sistema debe ser auditable, por parte de una autoridad externa. La forma de los reportes semanales o mensuales debe estar establecida.

El Sistema de Gestión Ambiental se puede complementar con el Sistema ISO, aunque un sistema ISO no sería obligatorio para el manejo ambiental del proyecto.

Un Sistema de Gestión Ambiental va a necesitar de actualizaciones por lo que debe establecerse la periodicidad para estas revisiones, en algunos casos va a estar relacionadas con las diferentes fases por las que atraviese el proyecto.

IV.5 La Relación con el contratista

Aunque el promotor establezca las medidas de mitigación ambiental a través del Plan de Manejo Ambiental, la ejecución de dichas medidas va a ser parte de lo que el contratista realizará durante la fase de construcción del proyecto. Por ello, el Plan de Manejo Ambiental establecido en el EIA y cualquier otra medida o procedimiento adicional que el promotor establezca deben formar parte del contrato con la(s) empresa(s) que ejecutan la obra.

Durante la fase de evaluación de las propuestas de los posibles contratistas es necesario incluir dentro de la evaluación algunas especificaciones ambientales para que el contratista elabore como cumplirá con las medidas de mitigación.

Estas puntuaciones si bien no son determinantes frente a los aspectos técnicos y económicos dan una señal que los aspectos ambientales si tienen un peso en la ejecución de la obra.

El contrato debe establecer claramente que hacer en caso de que el contratista no siga o cumpla con lo establecido en el Plan de Manejo Ambiental, cuál será el mecanismo de reportar el incumplimiento con que velocidad se atenderá (días) y qué consecuencias puede traer sino se implementa la medida correctiva.

En algunos contratos se establecen retenciones de pago, en otros por gravedad de una situación de emergencia como un derrame etc. se puede detener la obra en sitio, o si se impone alguna deducción monetaria en el pago.

En el contrato se debe establecer que el contratista cuente con su propio equipo ambiental que va a ser el primer nivel de gestión ambiental en el proyecto.

La composición del equipo del contratista debe detallarse con sus calificaciones y número.

Un factor que puede incluirse al momento de evaluar la propuesta de un contratista es su reputación en temas de cumplimiento ambiental de proyectos, si ha sido penalizado en casos anteriores por faltas al medio ambiente, o si por el contrario es una empresa que va a la vanguardia en temas de manejo ambiental. También si ha tenido experiencias parecidas al medio del proyecto o si cuenta con su propio SGA.

El contratista también instruirá al personal que trabaja en el proyecto sobre los temas de medio ambiente en general y en particular con lo establecido en el Plan de Manejo, esto se hace para que el personal en el campo sepa cómo actuar frente a las diversas situaciones que encuentra en el día a día del proyecto ya sea vida silvestre, recursos culturales interacciones con la comunidad, manejo de desechos, etc.

No hay otra forma de internalizar las medidas de prevención ambiental que no sea a través de la educación, sensibilización o instrucción de las medidas ambientales. En este caso se tiene una similitud con los aspectos de seguridad personal que dictan al personal de la obra.

El entrenamiento que reciban el personal de una obra de infraestructura les será útil una vez haya terminado el proyecto ya que podrán aplicarlo en otras obras. Este sería el caso de una externalidad positiva del proyecto.

El entrenamiento debe ser teórico y con ejemplos prácticos y mejor si hay posibilidad de hacerlos en campo.

Un breve examen antes y después del curso puede dar una medida de la efectividad del mismo.

También se puede aprovechar una sesión de sugerencias por parte del personal ya que muchas mejoras de medidas salen precisamente de la experiencia en campo de los trabajadores.

Después de cierto tiempo se pueden incluir clases para refrescar o actualizar el conocimiento de los trabajadores. En los proyectos de envergadura la rotación del personal suele ser alta por temporadas por lo que los cursos deben darse cada vez que un grupo nuevo de trabajadores ingrese a trabajar.

Otra buena práctica puede ser antes de iniciar una tarea nueva o compleja que pueda tener impacto ambiental dar un breve charla o instrucción sobre cómo abordarla tal como se hace en el tema de seguridad laboral.

CAPÍTULO CINCO

La fase de ejecución del proyecto, la hora de desplegar las velas

La fase de ejecución del Proyecto es el punto donde se conectan las actividades de campo del Proyecto con las medidas de mitigación del Plan de manejo Ambiental. Es allí cuando se debe desplegar el esfuerzo del equipo ambiental a su máximo potencial, es la hora de la práctica ambiental propiamente dicha.

V.1 Inspecciones de campo durante la ejecución del proyecto

Lo previsto en estudio de impacto y la implementación de las medidas de mitigación que están en el Plan de Manejo se validan en campo. Por eso la presencia del equipo ambiental frecuente es necesaria. No es suficiente basarse sólo en los reportes que puede aportar el contratista.

Esta presencia permite obtener no solo información veraz sino anticipar o prevenir mayores daños al medio. El recorrido de las áreas del proyecto permite elevar notas de cumplimiento o advertencias al contratista sobre las medidas en campo.

Los hallazgos deben documentarse en lo posible con fotos y narraciones de los mismos.

¿Cuánta presencia es necesaria? al menos 3 a 4 veces a la semana. En casos de proyectos que trabajan fines de semana y con actividad nocturna, aunque no siempre se hagan con la misma frecuencia que las visitas durante el día, se deben hacer recorridos eventuales.

Es posible que algunos contratistas tiendan a ser más laxos en el cumplimiento de sus medidas ambientales al encontrarse sin supervisión externa.

En la noche pueden darse eventos de descargas que no son fácilmente detectables sin luz. Para las visitas nocturnas las medidas de seguridad personal del equipo de ambiente deben ser todavía más prudentes.

La visita de campo puede usarse para interactuar con el personal del contratista en campo, y preguntar aleatoriamente si se está al tanto de las medidas ambientales que se deben ejecutar, esta forma de validación del conocimiento en campo sirve para conocer la efectividad del entrenamiento que el personal de campo recibió. (Ver contratista entrenamiento)

V.2 Auditorías Reportes y Procedimientos (Documentar, documentar y documentar)

El contrato debe establecer también la frecuencia de las auditorías formales por parte del promotor hacia el contratista, así como la frecuencia de reportes, su contenido, y el procedimiento a seguir por el contratista cuando inicie una nueva tarea donde deba detallar los aspectos ambientales.

La comunicación con el contratista en el tema de ambiente como ya se mencionó debe tener un formato breve pero descriptivo de la situación acompañado con la foto si es posible y mencionando la medida que no se está cumpliendo de acuerdo al PMA que forma parte del contrato.

A medida que finalice la obra, puede darse la tendencia por parte de algunos contratistas a relajar el cumplimiento de los temas ambientales, esta fase sigue siendo tan relevante como las iniciales porque se siguen dando los impactos ambientales. También próximo al final de la construcción pueden quedar desechos o materiales y equipo en desuso acumulados en el campo que requieran ser movilizados Se debe prever que el equipo ambiental del contratista no se reduzca a un nivel que la supervisión ambiental del proyecto se debilite. Por eso como se menciona anteriormente algún tipo de penalidad especialmente de carácter económico (como retención de pagos) debe estipularse claramente.

Conviene que el contratista realice sus propios monitoreos de los diferentes parámetros, pero estos no deben ser las únicas fuentes de información el equipo ambiental del promotor debe contar también con sus propias mediciones, y en algunos casos donde haya discrepancias realizarlos en paralelo con los del contratista. Las mediciones realizadas por el contratista se deben notificar con suficiente antelación y en lo posible el equipo ambiental estar presente durante las mediciones.

Por la dinámica de los proyectos actuales mucha información se realiza a través de los correos electrónicos, como mucha de esta información puede tener repercusiones de tipo legal, se recomienda precisar qué tipo de información puede tratarse por esa vía y cual por medio de una documentación más formal. Existen ya plataformas o aplicaciones o para este tipo de comunicaciones contractuales.

Es de esperar que la autoridad ambiental competente también realice auditorías o inspecciones al proyecto. La complejidad, frecuencia y estándar de verificación de estas visitas dependerá de la normativa de cada país y de las capacidades institucionales que se tengan. En todo caso el promotor y sus contratistas deben proveer los medios para que las visitas sean efectivas y en un ambiente de cooperación. La visión de un agente externo al proyecto va darle solidez al proceso de manejo ambiental además de ser un requisito de cumplimiento legal.

V.3 Implementar el Plan de Manejo.

Los planes de manejo se detallan por medidas usualmente aplicadas a las actividades del proyecto, aunque pueden ser muchas y variadas dependiendo del medio o tipo de proyecto algunas de las más comunes se detallan a continuación.

V.3.1 La afectación a la biodiversidad: Tala y desbroce, su impacto y manejo

Una vez instalado el equipo ambiental, esté en marcha el SGA y se haya adjudicado el contrato, una de las actividades más comunes es el movimiento de tierra y nivelación, instalación de oficinas de campo, y áreas de almacenamiento. En estas áreas que van a ser utilizadas por el proyecto y tengan cobertura vegetal se empieza la labor de tala, y desbroce. Esta actividad es una de las que más impacto tiene sobre la biodiversidad.

El equipo que realiza el trabajo de tala debe ir acompañado de uno de rescate de fauna. Esta actividad suele realizarse por personal previamente entrenado y supone la presencia de biólogos y veterinarios. En algunos países algunas ONGS dan estos servicios.

En los días previos a la actividad de tala, el equipo de rescate realizará una inspección en el área a talar para ir detectando que especies se encuentran presentes, aunque el EIA ya ha realizado un inventario de vida silvestre, esta inspección sirve para corroborar y prevenir algunas situaciones. En ciertos casos se podrían rescatar ciertas especies usando trampas u otros métodos, la instalación de cámaras resulta útil también para este proceso.

Un elemento que se establece antes de iniciar el rescate es saber dónde liberar los individuos rescatados y donde tratarlos en caso de que estén lesionados. Esto forma parte del contrato ya sea con ONGS o con empresas contratistas que realicen estas tareas. Ambos sitios deben contar con a la autorización de las entidades ambientales que rigen la materia.

Durante la planeación del área a talarse, se debe evaluar si toda el área que durante el EIA se identificaron como necesarias para limpiarse o si es posible evitar tala en algunas de ellas. Es recomendable siempre dejar corredores de biodiversidad, si es posible de forma permanente.

En ciertos países se estipula en la normativa ambiental el pago por área afectada de bosque, en este caso se puede señalar en los contratos que las indemnizaciones ecológicas a pagar por tala de árboles corran por cuenta de contratista de esta forma se motiva a este a reducir las áreas a talar.

Con la tala surge la necesidad de disponer este material, en algunos casos el Estudio de Impacto designa cuál será su uso. Una alternativa puede ser utilizar parte de este recurso lo más que se puede dentro del proyecto. Una desventaja es que no todo el material puede ser aprovechado por el proyecto por la cantidad o característica de éste, por ser material no apto para fines de construcción o aprovechamiento.

Otra opción sería vender parte de estos, ésta conlleva la desventaja de introducir una actividad comercial nueva dentro del proyecto y puede incentivar a que se talen innecesariamente más arboles especialmente los de especies más valiosas comercialmente.

Algunos proyectos contemplan la venta de la madera a precios favorables a grupos organizados del área para tareas comunales como reparación de escuelas, iglesias o estructuras comunitarias, esto sin embargo no puede hacerse sin tener un respaldo de la autoridad competente.

En varios proyectos se incluye el monitoreo de fauna durante construcción o durante la operación, en algunos casos es más recomendable que en otros, los monitoreos de fauna marina en proyectos de desarrollo costero pueden ser útiles, lo mismo que el de monitoreo de mortalidad de aves y murciélagos en los de desarrollo eólico.

V.3.2 Manejo del agua

La ubicación de los cursos de agua del proyecto, sus caudales y calidad son puntos que sobre todo en áreas de alta precipitación como suelen ser los trópicos requieren atención continua.

El manejo del agua en el sitio de la obra si bien corresponde definirlo al equipo de planificación técnica y al contratista ejecutarlo, implica impactos ambientales dependiendo como y hacia donde se encausen las aguas acumuladas en el sitio del proyecto.

Si el proyecto debe desviar o encausar ríos, quebradas u otros cursos de aguas, esto ya debe haber sido abordado en el EIA.

Los efectos sobre la biodiversidad y calidad deben monitorearse desde el inicio para detectar posibles afectaciones.

Los impactos aguas arriba o debajo de la zona del proyecto pueden impactar no solo el recurso sino también poblaciones.

El manejo de las aguas superficiales dentro de la misma zona del proyecto también debe ser analizado en conjunto con el equipo planificador del proyecto y el contratista.

En caso de obras civiles es necesario establecer de antemano si habrá sistema combinados o separados de aguas residuales y de lluvia. Y cuáles son las posibles consecuencias en cada caso.

No conviene llegar a la fase de construcción sin haber resuelto estas preguntas, ya que durante esta fase las decisiones se hacen con menos tiempo de análisis, sino que deben haber sido resueltas durante la planificación del proyecto y una vez tomada la decisión va a ser muy difícil revertirla.

Las posibles fuentes de agua para la obra han debido haberse ubicado con anterioridad, los mismo que los volúmenes que se requieren. Los permisos y tasas que pagarse tramitadas con antelación.

V.3.3 Plantas de tratamiento de aguas servidas.

En proyectos en que por su envergadura y número de trabajadores o características de instalaciones en campo, el uso de las letrinas portátiles no sea suficiente, se recurre a tanques sépticos o plantas de tratamientos temporales.

En ambos casos es necesario dimensionar las capacidades de uso y en el caso de las plantas de tratamiento tengan volumen necesario para operar.

Ambas instalaciones hacían el final de la obra cuando van a ser removidas deben monitorearse adecuadamente.

V.3.4 Control de la erosión

El control de la erosión en obras donde se da el movimiento de tierra y especialmente en lugares de alta precipitación que satura el suelo, conlleva un control permanente, además la escorrentía puede afectar la calidad del agua.

Las medidas de control como banquetas y *"silt fences"* o barreras de retención temporal y demás medidas deben ser objeto de control no solo del equipo ambiental sino también de los equipos que supervisan la calidad de la obra.

Aquí debe darse una estrecha colaboración tanto entre el grupo técnico y el ambiental puesto que estas medidas cumplen funciones que se complementan en este aspecto.

V.3.5 Ruido y Polvo

Las molestias de ruido dentro del proyecto atañen al área de la seguridad industrial sin embargo afuera del proyecto se convierten en un aspecto de impacto social del proyecto.

La ubicación de los puntos de monitoreo en lugares donde las comunidades se pueden ver afectadas va a ser crucial para poder determinar las posibles afectaciones de ruido.

Es normal que en las comunidades al conocerse la presencia del proyecto surja la inquietud de cómo afectaría el proyecto en este tema. Aquí en la etapa de divulgación el tener la línea base de ruido existente da un parámetro para comparar los datos durante la fase de ejecución.

En situaciones donde las lecturas actuales no sobrepasan los límites establecidos, pero la comunidad no se siente convencida con los resultados, se puede hacer un monitoreo comunitario; es decir, invitar a la comunidad al momento que se realicen los monitoreos y se les explique el funcionamiento del equipo y la lectura de los resultados.

Una de las quejas más frecuentes en la molestia por ruido es la actividad en horas y días no laborables, aunque no se sobrepasen los límites establecidos.

Aquí los administradores del proyecto y el equipo ambiental tendrán que buscar soluciones que sean satisfactorias y permitan realizar ajustes y negociaciones con la comunidad.

V.3.6 Planes de compensación fuera del área del proyecto.

En varios países existen los mecanismos de compensación por hábitats afectados por el proyecto. Existe la posibilidad de compensar estas áreas ya sea en el mismo sitio o en otros sitios, en ambas situaciones surge entonces posibilidades interesantes de poder utilizar recursos del proyecto para poder compensar parte del daño causado.

Estos recursos pueden usarse para establecer en lo posible hábitats similares a los afectados, pero también para proteger hábitats en peligro en otras áreas, lográndose una contribución a la protección de la biodiversidad.

Para estas actividades se cuenta con la aprobación o indicación de la autoridad competente, y se deben establecer desde el principio los recursos económicos y técnicos, así como se certificará que se han cumplido los objetivos establecidos.

Algunos aspectos a verificar son:

1) Titularidad o propiedad de la tierra donde se va a restaurar los hábitats, esto es importante debido a que se debe asegurar a futuro la permanencia del hábitat restaurado.

2) Factibilidad técnica y aspectos de logística; muchos de estas áreas se encuentran poco accesibles o cuentan con poca información por lo que se debe revisar desde las características del suelo y clima hasta los medios como se podrá ejecutar el proyecto de restauración.

3) Los años en que se debe dar continuidad al proyecto se deben establecer desde el principio, es importante contemplar el tiempo suficiente para que el área sea restaurada.

4) También la relación con las comunidades donde se efectuarán estas compensaciones.

Es muy probable que estos proyectos traigan también beneficios para estas comunidades con contratación de mano de obra y transferencia de conocimientos, estos beneficios sin embargo pocas veces se documentan.

5) Es importante establecer una línea base al inicio y una al finalizar el proyecto de compensación.

6) También se debe establecer que organización o institución se hará cargo de la protección de estos nuevos hábitats una vez se concluya el aporte por parte del proyecto de forma que se pueda mantener a largo plazo.

CAPÍTULO SEIS

Relación con la comunidad

VI.1 Hacer viable la relación con la comunidad.

La relación con la comunidad puede afectar positiva o negativamente el desempeño del proyecto. Un proyecto bien llevado y con una relación estrecha con la comunidad terminará no solo a tiempo, sino que se habrá establecido una relación a largo plazo con las comunidades aledañas y con la reputación de la empresa fortalecida.

Por el contrario, un proyecto con una pobre relación comunitaria puede incluso llevar a retrasos del proyecto, afecta la imagen, puede causar tensión e incluso la productividad. Sin embargo, lo más grave es que se podría estar perjudicando el bienestar de terceras personas o sea una externalidad negativa.

La primera apreciación aproximación a la relación con la comunidad empieza desde la fase el screening una primera información es empezar identificando los stakeholders o personas que pueden tener interés en el proyecto por poder verse afectados. Hay diversos grados de afectación las Normas de Desempeño de IFC dan la gama de estos diversos grupos.

Aquí también la actividad o visita de campo va a resultar crucial para identificar los vecindarios, modos de vida, proximidad al proyecto, dinámica social del área. Los datos de censo proveen información sin embargo no son sustitutos para entender de la realidad en el sitio.

Debe vencerse la tentación de constituir la relación con la comunidad con una actividad de relación pública del proyecto. La idea no es "vender" el proyecto sino establecer un canal de comunicación con las comunidades, responder a las inquietudes y buscar la manera de reducir los impactos.

Los stakeholders deben ser abordados de acuerdo a su nivel de afectación o cercanía al proyecto. Para el círculo de mayor impacto la relación debe ser individual además de las reuniones comunitarias, creando vínculos de confianza. Otros grupos menos afectados se pueden abordar en reuniones sectorizadas, también habrá stakeholders que solo requieren ser informados, pero no tomados en cuenta ya que están fuera del área de afectación. Una estrategia valida es mostrar a las personas con planos o imágenes de satélite y la cercanía de sus viviendas o negocio al proyecto, en muchos casos esto disipa dudas de los habitantes sobre su verdadera ubicación en relación al proyecto dándoles más tranquilidad.

El tener una exhibición permanente con planos imágenes y personal del proyecto dispuesto a explicar en determinados horarios a las personas, ayuda a bajar las tensiones y darle tiempo a cada uno para preguntar, y no depender de la información que uno de los miembros de la comunidad desee preguntar en el Foro Público.

La comunicación no debe ser solo culturalmente apropiada, como bien lo solicita los IFC Normas de Desempeño sino también tecnológicamente apropiada, existirán comunidades donde no habrá acceso a la internet o celular o el costo es muy alto.

EL uso del *Open House* o reunión de puertas abiertas es recomendable por muchas razones permite acceso de mayor número de personas, más tiempo de consulta, se evita la posible manipulación de la reunión parte de un grupo beligerante, se logra atención individual, clima más amigable. Las preguntas se pueden responder en sitio o también o tomar la forma de identificarse con las personas interesadas.

El tener una oficina del proyecto en el sitio manejada por el contratista es una práctica recomendada. Se pueden mostrar las características del proyecto usando videos, fotos y diagramas.

Un punto importante es poder dimensionar el proyecto a las personas, es decir poder mostrar con datos a los interesados la escala del proyecto. No es lo mismo señalar que se afectará un bosque a decir que se afectaran 10 hectáreas de bosque. El poner comparación de tamaños o usar un lenguaje que puede interpretarse sin excesivo tecnicismo es una buena práctica. Muchas veces el llevar a escalas que sean familiares a las personas la configuración del proyecto ayuda a disminuir tensiones. Una persona que escuche y comprenda que un proyecto carretero se lleva a cabo a 5 kms. de su comunidad de residencia no es igual a simplemente decir que un proyecto carretero impactará a la comunidad donde él reside.

Para poder atender las inquietudes de la comunidad se debe tener un procedimiento ya establecido, este por lo general se le conoce como Mecanismo de Quejas como lo sugieren las guías de varias instituciones de financiamiento aquí nombradas.

Este mecanismo debe ser aprobado por la Gerencia del Proyecto y formar parte también de los aspectos contractuales del o los contratistas.

Los puntos de contacto deben estar establecidos y usualmente se debe establecer una oficina de campo para relaciones comunitarias. Este espacio debe estar abierto para la comunidad además de contar con una línea de teléfono además de correo electrónico. En algunos casos la línea puede ser gratuita.

El mecanismo de quejas, el equipo para manejo social y la oficina para asuntos comunitarios van a ser indispensables para garantizar el éxito de la comunicación con la comunidad. Pero sobre todo va a ser la actitud que tenga el equipo ejecutor del proyecto y los contratistas en relación a los aspectos de la comunidad.

La atención a las quejas reales y el compromiso para resolver situaciones que afectan a la comunidad tendrán un impacto positivo a lo largo de la duración del proyecto.

Se debe evitar disminuir la importancia que tienen los aspectos sociales o posponer su solución. Y evitar pensar que "el equipo de manejo social se hará cargo del asunto", cuando las soluciones que se tienen que enfrentar abarcan aspectos técnicos como pueden ser horarios de trabajo, o tráfico, mitigación del polvo o ruido, vibraciones por voladuras o deterioro causado por el movimiento del equipo del proyecto sobre la infraestructura de la comunidad.

En algunos proyectos se crea un comité entre el promotor el contratista y un representante de comunidades para atender las quejas y darle seguimiento.

Éste puede ser un mecanismo viable en proyectos donde se han tenido experiencias previas no satisfactorias por parte de la comunidad que han minado la credibilidad en proyectos de infraestructura.

Los técnicos del área escogidos tanto por el contratista como de parte del equipo ambiental para servir la gestión social son claves para mantener relación fluida con la comunidad. Las habilidades para estas posiciones involucran capacidad de dialogo, empatía y disposición. En algunos casos se requiere un entrenamiento adicional o capacitación.

La documentación en esta oficina es clave para mantener registros de quejas o preguntas. Las comunicaciones con la comunidad, el tiempo que fueron resueltas las quejas y llevar un control de dichas quejas o interacciones junto con el estatus de cada una contribuye a tener una medición de estas interacciones y sus resultados.

La interacción con la comunidad no va a ser siempre igual, va a tener periodos de mayor demanda, sobre todo al inicio o dependiendo del tipo de actividad del proyecto. El equipo responsable de atender a la comunidad va a fluctuar de acuerdo con esas demandas. Igual que en el tema ambiental no hay que asumir que cuando el proyecto este por culminar también disminuya la interacción con la comunidad.

Esto va a depender del proyecto, pero hay que tener presente que con el inicio de la fase de operaciones pueden surgir otros impactos que haya atender, y lo mejor es dar continuidad a la relación ya establecida a lo largo de la duración del proyecto.

A medida que avanza el proyecto se pueden organizar visitas de grupos de la comunidad al área del proyecto, siguiendo las normas de seguridad para estos casos, estas visitas pueden ayudar a la comunidad a entender la magnitud del proyecto, su relevancia o incluso la presencia o no de riesgos a la comunidad.

En algunos casos las sugerencias de los grupos comunitarios pueden ser aprovechadas para mejorar algún aspecto del proyecto.

Los informes de cumplimiento del proyecto que normalmente se entregan a las autoridades ambientales deben estar a disposición del público ya sea físicamente o por medios electrónicos siempre que no choque con la legislación local. La etapa de terminación de la fase de construcción del proyecto debe acompañarse de la preparación para la fase de operaciones del proyecto, la comunidad deberá estar enterada de cómo se manejará la relación con la empresa en este nuevo período, y anunciarse con anticipación el fin de la fase de construcción.

La comunidad no debe quedar con la impresión de que la relación concluye cuando el proyecto ha terminado. Más bien debe darse a entender que la relación se mantendrá y que la comunicación mantendrá el mismo grado de fluidez.

VI.2 Campamentos de Trabajo

Uno de los aspectos que trae a la preocupación a las comunidades es la presencia de gran cantidad de trabajadores en las inmediaciones de las comunidades. Sobre todo, cuando esto implica el establecimiento de campamentos de trabajo.

La presencia de campamentos debe estar bien planificada pensando no solo en el bienestar de los trabajadores (ver Guías de IFC al respecto siendo muy completas) sino también en la relación con la comunidad.

Los trabajadores deben ser instruidos de cómo comportarse en relación a la comunidad y adoptarse normas de cumplimiento claras para prevenir comportamientos inadecuados.

VI.3 Reasentamiento

El reasentamiento donde haya que utilizarse es un elemento que afecta el desarrollo del proyecto sino se realiza coherentemente y consultando a la comunidad.

Se ha escrito abundantemente sobre el tema hay textos extensos y bien analizados además de validados en la práctica.

Solo concierne agregar que en situaciones donde existe poca credibilidad por parte de las comunidades y exista una actitud de *"ver para creer"*, ya sea por experiencias pasadas o por situaciones de conflicto, se debe generar confianza. Una estrategia puede ser, adquirir los terrenos en los sitios donde los afectados tengan preferencia, construir las viviendas o infraestructuras tomando en cuenta sus preferencias, pero enmarcadas en las realidades económicas, construir y adquirir las propiedades o viviendas y una vez que estén terminadas entonces proceder con la reubicación de las comunidades.

Esto da un sentimiento de certeza a los reasentados y además de tener toda la documentación de propiedades listas (siendo que estos procesos en América Latina tienden a ser demorados).

Las asignaciones presupuestarias deben haberse hecho con anterioridad y ser parte de los costos del proyecto.

Claves de la Estrategia con las comunidades:

No se puede:

- Prometer lo que no se puede cumplir.
- Dilatar respuestas.
- Ocultar información importante para la comunidad.
- Usar un lenguaje demasiado técnico con la intención de confundir a la comunidad.
- Dar tiempos irrealizables desde el punto de vista social al equipo planificador del proyecto.
- Minimizar la importancia de las críticas de la comunidad.
- No alertar a tiempo a la gerencia del proyecto sobre conflictos sociales que pueden afectar el proyecto.
- Asumir responsabilidades en nombre de otras autoridades con la intención de salvar la cara en el proyecto.
- Dividir intencionalmente a la comunidad.

CAPÍTULO SIETE

Reflexiones al finalizar el proyecto

Una vez la fase de construcción del proyecto ha terminado es tiempo de hacer una evaluación sobre lo proyectado en el estudio de impacto versus lo ejecutado durante la fase de construcción. Estos análisis si bien no son frecuentes, contribuyen a validar el desempeño del manejo ambiental del proyecto.

En este análisis se puede empezar por revisar si los impactos y las magnitudes estimados por el EIA fueron las mismas durante la ejecución del proyecto. Preguntarse si hubo impactos que fueron sobreestimados o subestimados. Si los métricos utilizados como hectáreas de bosque estimados, número de personas reasentadas o fincas o terrenos afectados fueron los establecidos en el EIA, sino lo fueron de cuanto fue la variabilidad, ¿fue esta significativa?

También verificar si se implementaron o no las medidas de mitigación establecidas en el Plan de Manejo, fueron o no efectivas. Qué arrojaron los monitoreos de aire, agua, ruido entre otros, se dieron excedencias sobre las normas o no.

En caso de proyectos en áreas boscosas, en relación a la biodiversidad cuantos individuos por especies fueron reubicados, cuál fue la mortalidad.

¿Estuvieron los presupuestos ambientales dentro de lo estimado? ¿Fueron los aspectos sociales debidamente atendidos?

¿Cuántas quejas se presentaron por parte de las comunidades y cuántas fueron resueltas satisfactoriamente?

En el caso de manejo de los recursos culturales, ¿cómo se implementó? ¿Hubo rescates de piezas arqueológicas? ¿Cuál es la evaluación del recurso humano que laboró? ¿Cuál fue la experiencia con el contratista? ¿el Sistema de Gestión Ambiental fue el adecuado?

Pocas veces este análisis se realiza dado que el proyecto entra en otra fase que es operación y requiere la atención de dar seguimiento en este contexto.

Otro aspecto es si los riesgos sociales y ambientales fueron correctamente enfocados o si hubo riesgos no previstos, y por qué.

En algunos proyectos los miembros del equipo se asimilan a otras funciones o incluso se retiran al no requerirse cuando se terminan los contratos.

Es recomendable que miembros del equipo que llevó a cabo la fase de construcción pasen en alguna medida a dar seguimiento en la fase de operación. Esto contribuye a dar continuidad y puede ahorrar tiempo y esfuerzo.

El ejercicio de tener las lecciones aprendidas analizadas puede contribuir a enriquecer proyectos nuevos y mejorar procesos. Esta reflexión deberá hacerse con franqueza reconociendo las áreas donde se puede haber fallado enfocándose en las oportunidades de mejora.

Recomendamos consultar las siguientes fuentes bibliográficas:

1)   Corporación Financiera Internacional (IFC) Grupo Banco Mundial Normas de Desempeño sobre Sostenibilidad Ambiental y Social 2012. Washington DC IFC https://www.ifc.org/wps/wcm/connect/55d37e804a5b586a908b9f8969adcc27/PS_Spanish_2012_Full-Document.pdf?MOD=AJPERES Corporación Financiera Internacional (IFC) Grupo Banco Mundial Notas de orientación de la Corporación Financiera Internacional, Normas de Desempeño sobre Sostenibilidad Ambiental y Social 2012. Washington DC, IFC https://www.ifc.org/wps/wcm/connect/98e901004dd837f0a8b4a87a9dd66321/GN_Spanish_2012_Full-Document.pdf?MOD=AJPERES European Investment Bank Environmental and Social Handbook 2013 http://www.eib.org/attachments/strategies/environmental_and_social_practices_handbook_en.pdf Luxembourg EIB Banco Interamericano de Desarrollo (BID). "Políticas de Salvaguarda" www.iadb.org

2) Environmental sensibility is "the degree to which the people directly or indirectly involved in a firm´s operations are aware of how its activities affect the environment". P 57 Rosenberg, Mike, "Seis estrategias para afrontar la sostenibilidad:

Sensibilidad ambiental", IESE Insight, No. 29, Segundo trimestre 2016, pp 54 - 61) (traducción libre del autor)

3)   International Association of Impact Assesment IAIA´s "Lost in time: the black hole between EIA completion and Project Implementation "by Bryony Walmsley   in   http://www.iaia.org/webinars.php march 2018)

SOBRE EL AUTOR

Javier Morón Zanet (Panamá 1955). Economista y Especialista Ambiental, con más de 25 años de experiencia en el área ambiental.

Fue Subdirector General del Instituto de Recursos Naturales Renovables hoy Ministerio de Ambiente de Panamá (1991-1992).

Participó como consultor en Estudios de Impacto, Planes de Ordenamiento y seguimiento de proyectos de desarrollo tanto para empresas consultoras, ONGs como organismos internacionales (1994-1998), trabajó por más de 19 años para la Autoridad del Canal de Panamá en temas de medio ambiente para diversos programas y proyectos incluyendo el Programa de Ampliación del Canal y el Tercer Puente sobre el Canal.

Cuenta con una licenciatura en Economía (Universidad de Panamá) un Master in Development Banking (American University Washington D.C.) y un Máster en Administración de Recursos Naturales (INCAE; Costa Rica).

Actualmente se dedica a la consultoría y docencia.

CONTACTE AL AUTOR

Email javiermoron55@gmail.com